AF313478

Nouvelle série   Juillet-Août 1928

SÉANCES ET TRAVAUX

DE

L'ACADÉMIE

DES SCIENCES MORALES ET POLITIQUES

QUATRE-VINGT-NEUVIÈME ANNÉE

COMPTE RENDU

PUBLIÉ SOUS LA DIRECTION

DE

M. Ch. LYON-CAEN

SECRÉTAIRE PERPÉTUEL DE L'ACADÉMIE

Albert PINGAUD

UN PROJET

D'ALLIANCE FRANCO-RUSSE

EN 1858

PARIS

LIBRAIRIE FÉLIX ALCAN

108, BOULEVARD SAINT-GERMAIN, 108

UN PROJET D'ALLIANCE FRANCO-RUSSE

EN 1858

La pratique de la diplomatie secrète qui caractérise
trop souvent la politique extérieure du Second Empire, a
eu pour résultat de laisser encore dans son histoire beaucoup de négociations qui sont restées longtemps ignorées
ou imparfaitement connues : telles furent notamment,
pour ne citer qu'un exemple, celles que Napoléon III
entama avec la Russie à la veille de la guerre d'Italie. Que
la neutralité bienveillante de l'empereur Alexandre lui
ait seule permis de poursuivre cette entreprise, c'est ce
qui apparaissait avec évidence aux yeux mêmes des con-
temporains. Mais à la suite de quels pourparlers et de
quelles démarches l'a-t-il obtenue? S'en est-il assuré le
bénéfice en vertu d'une entente tacite, ou par un traité en
bonne et due forme? Ce sont là deux questions insuffisam-
ment éclaircies jusqu'ici[1] et dont la seconde surtout n'avait
pu qu'être posée sans être résolue. Un rayon de lumière
y avait été tout récemment projeté, soit par quelques passages de la correspondance Nigra-Cavour, publiée par le
Gouvernement italien[2], soit par une brève mention de
l'ouvrage de M. Poklorsky sur la Diplomatie tsariste au

1. Depuis la date de cette lecture, la première question a été étudiée
et en partie élucidée par la publication dans la *Revue des Deux Mondes*
du 15 juin 1928 d'une relation du Prince Napoléon de sa mission à Varsovie.

2. *Il carteggio Cavour-Nigra dal 1858 al 1861*, t. I et II.

xix⁰ siècle [1]. Un dossier inédit des Archives des Affaires Étrangères [2] permettra peut-être d'en dissiper les obscurités et de retracer tout le développement de cette négociation.

Quand Napoléon III se décida à traduire en actes des sympathies déjà anciennes pour la cause de l'indépendance italienne, il ne pouvait guère se faire d'illusions sur les dispositions des grandes puissances à les seconder. Il devait rencontrer pour les exécuter, non seulement la résistance de l'Autriche, mais encore l'hostilité de la Prusse, désireuse d'affirmer ses sentiments de solidarité germanique, et la mauvaise humeur de l'Angleterre, naturellement jalouse d'un accroissement de l'influence française dans la Méditerranée. Seule la Russie était assez éloignée de la péninsule italique pour n'y avoir pas d'intérêts, assez éprouvée par de récents désastres pour saluer comme une espérance de gain toute modification au *statu quo* européen. Ces considérations eurent sans doute la plus large part dans les mobiles qui portèrent Napoléon III à adresser à Pétersbourg, au lendemain même du congrès de Paris, des avances que consacra ensuite une entrevue personnelle avec le nouveau tsar Alexandre II, à Stuttgart (septembre 1857). Si le premier de ces souverains se déroba, sur les remontrances de Walewski, à la conclusion de tout accord écrit, tous deux s'entendirent pour ne prendre à l'avenir aucune grande résolution sans s'être auparavant avertis et concertés. Alla-t-on dans cet échange de vues jusqu'à envisager des éventualités précises? Le fait est probable, bien qu'il ait été contesté, car six mois plus tard, à Plombières, en discutant avec Cavour toutes les chances de la grande entreprise dont ils réglaient les détails, Napoléon III lui déclarait en

1. Poklorsky. *La diplomatie et les guerres de la Russie tsariste au XIX⁰ siècle*, p. 234.

2. *Mémoires et Documents*. Russie, t. LVIII.

tous cas, avoir « la promesse formelle et plusieurs fois répétée de l'empereur Alexandre de ne pas troubler ses projets sur l'Italie »[1].

Lorsque le moment fut venu de donner un corps à ces projets, c'est-à-dire en automne, son premier soin fut de rechercher si les dispositions de la Russie n'avaient pas changé, et d'envoyer à cet effet un message, à Varsovie, où Alexandre II effectuait alors un déplacement. Il désigna à cet effet son cousin, le prince Jérôme Napoléon, particulièrement qualifié pour une mission confidentielle de cette importance par l'éclat de son rang, l'ardeur de ses sympathies italiennes et le souvenir de relations déjà anciennes avec le chancelier russe Gortchakoff. Un peu avant la guerre de Crimée (octobre 1853), il avait eu l'occasion de voir ce dernier, alors ministre de Russie à Stuttgart, et l'avait vivement frappé par la clairvoyance de ses prévisions sur l'imminence d'une alliance franco-anglaise à laquelle on se refusait encore à croire à Pétersbourg. En rappelant plus tard ce souvenir, Gortchakoff ajoutait même, non sans quelque suffisance, que si cet avertissement lui était parvenu plus tôt, il aurait couru à Pétersbourg le communiquer à son souverain et se serait fait fort de prévenir ainsi la guerre de Crimée.

Si le choix du prince Napoléon se justifiait donc par de très sérieuses raisons, le tort de l'Empereur était de laisser en dehors et dans l'ignorance complète de cette affaire son propre ministre des Affaires étrangères Walewski, soupçonné de tiédeur pour l'entreprise italienne. Cette précaution, presque injurieuse envers l'homme qui aurait dû en être avisé le premier, annonçait déjà les procédés les plus fâcheux de la diplomatie secrète. Par son mystère et sa rapidité, le voyage du prince à Varsovie devait avoir les mêmes allures de conjuration que six mois plus tard celui

---

1. Lettre de Cavour à Victor-Emmanuel, du 24 juillet 1858. (*Il Carteggio Cavour-Nigra*, t. I, p. 107.)

de Cavour à Plombières. Au début de septembre, il voit arriver à l'improviste l'ordre de venir à Biarritz auprès de l'Empereur, s'y rend sans avoir la moindre idée de l'objet de cette convocation, et reçoit de son cousin, d'après ses confidences à Nigra, la mission d'aller demander au Tsar, non seulement une neutralité bienveillante qui semble acquise, mais une promesse de pression sur l'Allemagne au cas où celle-ci ferait mine de secourir par les armes la cause de l'Autriche. Muni de ces directives, le prince se remet immédiatement en route pour Varsovie, sans voir personne à son passage à Paris, et en couvrant en cinquante-quatre heures, ce qui était un record pour l'époque, la distance entre les deux capitales française et polonaise. Arrivé à destination le 28 septembre, il repartit le 30, après de longues conversations avec l'Empereur et son chancelier [1].

« Il n'est pas à craindre, qu'il y aille de main morte », avait dit de lui Napoléon III au moment de son départ. Il sembla vouloir prendre à tâche de justifier ces prévisions favorables par le langage qu'il tint à Paris lorsqu'il y reparut (6 octobre). Il y exprima une extrême satisfaction, proclama une complète réussite, et dans ses conversations avec Nigra représenta le tsar comme tout prêt à s'engager par traité « à tenir en échec l'Allemagne et à tirer l'épée, s'il le faut, en mettant à la disposition de la France ses bataillons et même une flotte dans la Méditerranée. Aussitôt transmises à Turin, ces assurances y parurent même assez catégoriques pour motiver des félicitations de Cavour à Napoléon III (25 octobre), ainsi que l'insertion dans un premier projet de traité d'alliance franco-

_____

1. Les seuls renseignements que l'on possède sur l'entrevue de Varsovie se trouvent, du côté français, dans l'*Empire libéral* d'Emile Ollivier (t. III, p. 501), qui avait recueilli les confidences du prince Napoléon ; et du côté russe, dans les passages de la correspondance de Gortchakoff citée par M. Gorianow (Les étapes de l'alliance franco-russe. *Revue de Paris*, février 1912).

sarde d'une clause escomptant l'accession de la Russie[1].

Ce qu'il entrait d'illusions dans cet optimisme, c'est ce qu'allait montrer un très prochain avenir. Elles ne peuvent s'expliquer que par cette intempérance même de caractère qui disposait le prince à s'abuser sur l'effet de ses paroles, et à prendre pour un acquiescement à ses propositions la déférence témoignée à son rang, et la curiosité bienveillante accordée au développement de ses idées. Toujours est-il que Napoléon III, impressionné par ses affirmations, s'imagina qu'il ne restait plus qu'à traduire en clauses concrètes les intentions du Gouvernement russe, et qu'à envoyer un traité à signer à Pétersbourg. Pour cette besogne d'exécution qui devait être menée rondement, il n'avait pas confiance dans la diplomatie officielle, à laquelle il reprochait de perdre un temps précieux dans d'interminables discussions de formules et de textes. Il préféra choisir un agent officieux, de préférence un militaire. Le prince Napoléon lui proposa et lui fit agréer un officier de marine qu'il avait eu l'occasion d'apprécier pendant sa récente croisière dans les mers du Nord, comme commandant du navire sur lequel il s'était embarqué. C'était le capitaine de vaisseau de La Roncière le Noury, le futur amiral.

Ce dernier se mit en route dans les premiers jours de novembre (probablement le 4), toujours à l'insu de Walewski. Il emportait avec lui, d'abord une lettre de Napoléon III à Alexandre qui figure probablement dans les Archives de Russie, mais n'a pas été conservée dans les nôtres. Une autre lettre du prince Jérôme à Gortchakoff (en date du 3 novembre), était destinée à l'accréditer lui-même comme « agent non officiel chargé d'une mission spéciale » et « porteur de la pensée intime de l'Empereur Napoléon », enfin deux projets de traité, de six

---

1. *Il Carteggio Cavour-Nigra*, t. I, pp. 163, 174 et 195.

articles chacun, contenaient au moins, d'après le prince, « la substance exacte des engagements réciproques de Varsovie ».

Le premier, seul destiné à la publicité, était représenté dans la lettre d'envoi comme « une simple déclaration de neutralité avec appui moral de la Russie à la France, avec engagement réciproque de se soutenir si des tiers voulaient intervenir dans une question qu'il fallait laisser tout à fait italienne ». En fait, le texte proposé dépassait déjà cette définition, car si les deux souverains s'y engageaient à contenir, l'un l'Allemagne et l'autre l'Angleterre, il obligeait celui de Russie à réunir en face de la Galicie une armée assez forte pour immobiliser 150.000 Autrichiens de l'autre côté de la frontière, et à maintenir dans la Méditerranée, c'est-à-dire à la disposition du Gouvernement français, la flotte qui y séjournait en temps ordinaire. De plus, une clause ajoutée à la dernière heure prévoyait la rupture des relations diplomatiques austrorusses — prélude ordinaire de la guerre — quelques semaines après l'ouverture des hostilités sur le front italien.

Quant au traité secret destiné à jeter les bases de la paix, comme le traité public à régler les conditions de la lutte, les dispositions en étaient d'une envergure plus impressionnante encore : et l'on pouvait y retrouver vraiment « la pensée intime de Napoléon III ». L'empereur Alexandre n'y promettait pas seulement son adhésion anticipée aux arrangements territoriaux convenus à Plombières, c'est-à-dire à la constitution d'un royaume de la Haute-Italie de dix millions d'habitants, et à l'annexion à la France de la Savoie et du Comté de Nice. Il s'engageait aussi, ce qui devait le toucher de plus près, à ne pas s'opposer à la libération de la Hongrie, qui faisait alors l'objet de pourparlers secrets entre Napoléon III avec Klapka. Que recevait-il en échange de ces concessions et pour prix de son concours ? C'était d'abord l'offre de la Galicie, si bien faite pour arrondir ses frontières et satisfaire ses ambitions. C'était ensuite la promesse de l'appui de la France pour faire supprimer, lors des négociations de paix, cette limitation de ses forces navales dans la mer Noire qui lui avait toujours paru une des pires humiliations du traité de Paris, et comme une intolérable atteinte à ses droits de souveraineté.

Considérées dans leur ensemble, ces diverses clauses pouvaient se résumer d'un mot : c'était la démolition de l'Autriche. Elles ne visaient pas seulement à l'affaiblir, mais à la démembrer. Privée à la fois de tous ses domaines italiens, des pays de la couronne de Saint-Étienne, c'est-à-dire la moitié de son étendue, de la Galicie enfin, qui était son avant-poste oriental, la monarchie des Habsbourg perdait son rang de grande puissance pour tomber à l'insignifiance d'un État de second ordre, équivalent à celui que formerait de nos jours la réunion de la République d'Autriche et de la République tchéco-slovaque. Il est assez piquant de constater — et c'est là l'intérêt de curiosité de cette étude — que soixante-dix années à l'avance Napoléon III a fait passer un instant dans le domaine des possibilités une révolution territoriale accomplie depuis sous nos yeux. On pouvait craindre pour l'instant que la hardiesse n'en effrayât la prudence du cabinet russe, habitué depuis longtemps à se poser en conservateur de l'ordre européen. On comptait à Paris, pour calmer ses scrupules, sur l'ardeur des vieilles rancunes contre l'ingratitude autrichienne, et sur l'attrait d'une belle province qui pourrait être acquise peut-être sans tirer l'épée, en tout cas au prix d'une lutte engagée dans les conditions les plus favorables.

Pendant tout le mois de novembre, on attendit à Paris l'issue de la mission La Roncière, avec une curiosité que chaque jour écoulé faisait tourner à l'impatience, mais que son retour permettrait seul de satisfaire. Il n'avait pas emporté de chiffre, ne pouvait emprunter celui de l'Ambassade sans se trahir et se trouvait ainsi hors d'état de donner à Paris de ses nouvelles. Quand il y revint, dans les premiers jours de décembre, il y rapportait avec ses impressions personnelles, deux documents qui se complétaient l'un par l'autre : une relation écrite de ses conversations avec Gortchakoff et le texte d'un contre-projet de traité remis entre ses mains par ce dernier. A leur première entrevue, le chancelier russe l'avait courtoisement accueilli, mais non sans dissimuler sa surprise et presque sa défiance de voir confier une négociation de cette importance à un personnage dépourvu de tout caractère officiel; il conseillait d'ailleurs à La Roncière, sans doute avec quelque malice, d'aller au moins poser une carte chez le chargé d'affaires de France, afin de ne pas éveiller les suspicions de la police locale. Ce mouvement d'humeur une fois passé, il avait paru accorder une adhésion de principe au projet soumis à son agrément, mais il en détruisait aussitôt la portée par d'insurmontables réserves de détail. Autant il montrait d'empressement à seconder de son concours moral l'entreprise italienne, autant il manifestait de répugnance à envisager même les diverses éventualités prévues par le traité secret : la guerre, l'annexion de la Galicie, l'indépendance de la Hongrie.

La guerre! disait-il. Comment y songer au lendemain même de la secousse de Crimée, et en plein accomplissement d'une grande réforme agraire, trop absorbante pour permettre une importante initiative extérieure? La réunion de la Galicie! La Russie était assez saturée de territoires pour n'en convoiter aucun, surtout dans les anciens domaines de cette Pologne qu'elle croyait d'ailleurs plus sûrement gardée par trois que par deux partageants. L'affranchissement de la Hongrie enfin! Concourir par son assentiment à cette œuvre révolutionnaire, ce serait de sa part manquer aux principes conservateurs de sa politique comme aux souvenirs de son intervention de 1849. En réalité, le seul avantage qui lui tenait à cœur, c'était, bien plus qu'un agrandissement, l'annulation des clauses du traité de Paris, blessantes pour sa dignité ; et non seulement celle qui limitait ses forces navales dans la mer Noire, mais encore celle qui lui avait enlevé sans raison une bande de territoire, avec Bolgrad, en Bessarabie.

Le retour quotidien de ces objections dans les entretiens avec La Roncière, laissait assez prévoir le sens du contre-projet qui lui fut remis (26) l'avant-veille de son départ. Il ne différait pas seulement des propositions françaises par sa forme réduite (9 articles en un seul traité au lieu de 12 en deux), et par des remaniements de rédaction. On en avait fait disparaître les articles relatifs à la Galicie, à la Hongrie, à la rupture avec l'Autriche. Par contre, celui qui concernait les clauses du traité de Paris recevait une transformation capitale, car il obligeait l'empereur Napoléon non seulement à s'employer pour les faire abroger, mais encore à les considérer dès l'instant comme non avenues pour ce qui le concernait.

Ce contre-projet renversait, comme on le voit, toutes les espérances conçues et propagées par le prince Napoléon. On s'était flatté dans son entourage de trouver la Russie trop heureuse d'acquérir une belle province au prix d'une intervention militaire que tout contribuerait à rendre facile. Au lieu de céder à cette tentation, elle répondait par des propositions non seulement différentes, mais tout opposées. Qu'offrait-elle en effet? Simplement de ne pas contrarier en Italie les remaniements territoriaux indifférents à ses intérêts. Et que demandait-elle en échange à la France? De renier dès l'instant une signature placée en bas d'un solennel engagement international. Entre l'étendue de ces exigences et la mesure de ces risques, il y avait une disproportion qui fit un instant reculer Napoléon III. La nécessité de pouvoir compter sur la Russie triompha de ses hésitations et le décida à reprendre les pourparlers, mais sur une base beaucoup plus étroite. Renoncer au projet d'alliance offensive pour s'en tenir à un simple traité de neutralité, abandonner le rêve d'une dislocation de l'Autriche pour se borner à demander une simple démonstration sur ses frontières, tel dut être désormais l'objet d'une seconde mission de La Roncière à Pétersbourg.

En repartant pour ce nouveau voyage, celui-ci avait pris une précaution négligée dans le premier, et emporté avec lui un code conventionnel lui permettant de correspondre en clair avec Paris. D'après ce code emprunté au langage des chemins de fer, Napoléon III était appelé le *bailleur de fonds* ; l'empereur Alexandre l'*administrateur*, la France l'*embranchement de l'Est*, la Russie la *ligne principale*, l'armée russe le *matériel roulant*, et enfin par une appellation dont l'ironie avait peut-être échappé à l'auteur de cette table, le terme de *cahier des charges* servait à désigner les traités de 1815.

Ce qui était plus important c'était une nouvelle lettre personnelle de Napoléon III à l'empereur Alexandre. Elle est restée jusqu'ici inédite et mérite d'être reproduite ; en voici le texte :

Paris, 22 décembre 1858.

Monsieur mon frère,

J'espère que Votre Majesté ne s'ennuiera pas de voir encore de mon écriture ; mais la question en vaut la peine, et je la prie de me permettre de la lui expliquer de nouveau franchement et dans son ensemble.

Après nous être fait la guerre, nous nous sommes appréciés ce que nous valons, et nous comptons l'un sur l'autre.

Le hasard nous met dans la même position. Votre Majesté

voudrait changer en partie le traité de Paris ; moi, je voudrais de même changer en partie les traités de 1815.

Néanmoins tous les deux, nous sommes forcés de respecter les traités existants, tant que la guerre n'aura pas donné lieu à un nouveau congrès.

Une circonstance heureuse va se présenter bientôt. Plus nous ferons cause commune ensemble, et plus nous serons forts pour dicter aux autres puissances nos conditions.

Entendons-nous donc dans ce but. Puisque nous comptons l'un sur l'autre, il est clair qu'à la paix chacun s'engage à protéger et faire triompher autant que faire se pourra les intérêts de son allié. Le traité d'alliance se trouve donc tout naturellement formulé : 1° chacun contribue selon ses désirs et ses moyens à la lutte ; 2° à la paix chacun s'engage à faire triompher les intérêts de son allié.

Hors de ces bases larges et logiques, je ne vois pour nous rien de digne ni de noble. Il ne sied ni à Votre Majesté ni à moi de discuter sur des mots ou sur des interprétations différentes. Tout doit être entre nous net et franc, comme il convient aux souverains de deux grandes nations. J'espère que V. M. comprendra ce langage et que, sauf la rédaction, Elle voudra bien accueillir les idées que je lui soumets.

Je dois ajouter que d'après les nouvelles que j'ai reçues de Piémont, il paraît que la guerre éclaterait vers le *mois de mai prochain.*

J'ai été très heureux de recevoir le Grand-Duc Constantin [1]. Le Roi de Piémont lui avait fait quelques confidences ; mais je ne lui ai rien dit de positif ; et il m'en a coûté cependant de ne pas ouvrir mon cœur à un Prince que j'aime et que j'estime sincèrement. Je prie Votre Majesté de croire aux sentiments de sincère amitié et de haute estime avec lesquels je suis de V. Majesté Impériale

le bon frère.

Signé : NAPOLÉON.

Plusieurs passages sont à remarquer dans cet important document historique tout au début, une allusion à une correspondance antérieure sur l'activité de laquelle nous

---

1. Le grand-duc Constantin, frère cadet de l'empereur Alexandre, venait, au cours d'un voyage en Europe, d'être reçu officiellement par Victor-Emmanuel à Turin et par Napoléon III à Paris (novembre).

ne pouvons faire que des conjectures ; vers la fin, la pré-
cision de la date indiquée pour le début de la guerre
contribue à confirmer ce caractère de conspiration, de
coup monté, qui distingue dès le début l'entreprise italienne ; au milieu, la franchise assez rare dans les déclarations officielles, avec laquelle Napoléon III définit les
principes de sa politique et avoue chercher dans les
complications européennes une occasion d'abolir les
traités de 1815. Enfin, l'ensemble de la lettre trahit cette
préoccupation d'une alliance puissante et durable dont
la poursuite a été à la fois, pendant tout le règne de
Napoléon III, l'obsession de son esprit et le pivot de sa
politique extérieure. Il est à remarquer d'ailleurs, à l'appui
de cette observation, que les considérants du projet de
traité contenaient cette phrase que, si l'Empereur des Français « tire l'épée, c'est pour créer à la France des alliances
que les traités de 1815 lui rendent impossibles ».

Si dans cette lettre Napoléon III s'attachait à rester
dans la sphère des idées générales, les contingences de
détail faisaient l'objet d'une autre lettre du prince Napoléon
à Gortchakoff datée du 22 décembre. Quelques récrimina-
tions pour le passé, des explications pour l'avenir, le
regret d'avoir vu repousser par le cabinet russe une
combinaison où il avait beaucoup plus à gagner qu'à
risquer, l'espérance enfin de l'amener à en approuver
une nouvelle plus conforme à ses vues, voilà surtout ce
que contenait ce document ; il était accompagné d'un projet
de traité, réduit cette fois à sa plus simple expression,
sans doute pour en assurer le succès. Il ne comprenait
plus en effet que cinq articles. Les deux premiers y étaient
les mêmes que dans le projet primitif ; la Russie s'y
engageait à observer une neutralité bienveillante envers
la France et à la témoigner par l'envoi d'un corps d'observation sur la frontière galicienne. Le cinquième affir-
mait, en une formule plus resserrée que dans les rédac-

tions antérieures, la solidarité des deux souverains en face de leurs alliés respectifs d'Allemagne et d'Angleterre. Le quatrième, relatif à l'organisation future de l'Italie, réservait, sur le désir de la Russie, « les droits des souverains qui n'auraient pas pris part à la guerre », c'est-à-dire en l'espèce ceux de Parme, Modène et la Toscane.

La partie la plus délicate du projet était l'article 3, qui prévoyait les conditions de la paix. Comme l'expliquait le prince Napoléon à Gortchakoff, la France n'avait pas cru devoir accroître ses engagements envers la Russie au moment où celle-ci ne cherchait qu'à réduire les siens. L'article se bornait donc à indiquer, en retour de la réciprocité pour la Savoie, qu'à la paix Napoléon III appuierait les demandes d'Alexandre au sujet de la révision du traité de Paris.

La prudente imprécision de cette formule semblait exclure tout risque de complications. Elle allait pourtant être modifiée à la suite d'une crise passagère, encore ignorée jusqu'ici, mais assez intructive par ses péripéties et ses causes. Arrivé en toute diligence à Pétersbourg, La Roncière y trouve à l'Ambassade, à sa grande surprise, un télégramme officiel urgent, daté du 29 décembre, lui prescrivant de surseoir à toute démarche et même à toute visite avant l'arrivée d'instructions télégraphiques complémentaires. Que s'est-il donc passé à Paris ? Il ne le saura qu'à son retour, et nous-mêmes l'ignorerions encore sans les détails donnés à ce sujet par Nigra à Cavour[1]. Toute cette affaire n'a pu se poursuivre et rebondir sans parvenir aux oreilles de Walewski. Celui-ci se scandalise à bon droit de l'avoir vue traiter par-dessus sa tête, au risque de le mettre dans une situation fausse et presque ridicule. Dans le premier éclat de sa dignité blessée, il adresse à l'Empereur une offre de démission accompagnée

---

1. Lettres de Nigra à Cavour, des 1er et 4 janvier 1859 (*Il Carteggio Cavour-Nigra*, t. I, pp. 272-281).

même d'une scène de larmes. Fort ennuyé de ce geste imprévu, Napoléon III le pria de rester, lui écrivit une belle lettre pour l'y décider, mais dut lui témoigner le maintien de sa confiance en soumettant à ses observations le projet emporté par La Roncière. Attentif surtout à veiller au respect du droit public et des engagements internationaux, dont il se considérait comme le gardien officiel, le ministre tomba en arrêt devant l'article 3, où était envisagée de manière encore trop affirmative à son gré, la possibilité de réviser le traité de Paris. Il proposa donc d'y substituer une formule plus générale et par suite moins compromettante : « Leurs Majestés s'entendront sur les modifications aux traités existants à faire prévaloir en commun dans l'intérêt de leurs Empires lors du règlement de la paix ». Un télégramme du 2 janvier envoya à La Roncière le texte définitif avec l'autorisation de recommencer les pourparlers.

Cette modification de la dernière heure n'était pas de nature à faciliter sa tâche. Son second séjour à Pétersbourg devait durer environ une semaine, comme le premier. Gortchakoff, qu'il vit le 3 janvier, l'accueillit aimablement et commença par se livrer à l'un de ces exercices oratoires dont la virtuosité lui avait valu depuis longtemps la réputation du pontife et du bel esprit de la diplomatie classique. Il lut à haute voix la lettre du prince Jérôme, surtout pour avoir la satisfaction d'écouter les commentaires qu'elle lui inspirait et dont l'abondance tournait volontiers au monologue. Il sembla piqué au vif par une allusion à la nécessité pour la Russie « de se relever moralement de ses derniers échecs ». Il protesta qu'elle n'en avait nul besoin et prit sa revanche en insinuant que les allures bruyantes, primesautières, du prince Jérôme ne le qualifiaient peut-être pas pour le rôle d'intermédiaire dans une négociation aussi délicate.

A ces escarmouches du début succédèrent bientôt des

divergences de vue plus sérieuses. Sur le fond de la question, le chancelier russe commença par renvoyer à son partenaire, comme dans un jeu de raquette diplomatique, l'argument précédemment invoqué contre la Russie de la disproportion entre l'énormité de ses exigences et la parcimonie de ses sacrifices. N'était-ce pas la France qui d'après lui méritait maintenant le même reproche? Ce qu'elle promettait à son alliée, c'étaient simplement ses bons offices pour obtenir de la complaisance des grandes puissances leur renonciation à certaines clauses du traité de Paris. Ce qu'elle réclamait en retour, c'était une démonstration militaire qui conduirait forcément à la guerre. Comment supposer, en effet, que la concentration d'une armée sur la frontière galicienne n'entraînerait pas la rupture des relations diplomatiques et, bientôt après, l'ouverture des hostilités? Ici encore, il est curieux de confronter le passé au présent et de voir naître dès 1858 les mêmes discussions qu'en août 1914 sur la difficulté de décréter en Russie une mobilisation partielle sans être entraîné à une mobilisation générale. Et cette guerre même où la Russie se trouverait ainsi engagée, où s'en arrêteraient les ravages? Sur les dangers de la voir dégénérer très rapidement en conflagration générale, Gortchakoff multipliait les avertissements les plus pressants. L'empereur Napoléon tout d'abord était-il sûr de l'Angleterre, trop absorbée à ses yeux par ses difficultés politiques pour s'occuper des affaires continentales? D'après Gortchakoff elle n'avait au contraire rien perdu de son activité extérieure et en ce moment même caressait à nouveau le vieux projet d'un Empire grec à Constantinople. Et que dire de l'attitude de la Prusse, dont à Paris on ne semblait pas suivre avec assez d'attention l'évolution intérieure? Avec un sens prophétique de l'avenir, Gortchakoff montrait le prince régent décidé à s'engager dans les voies de l'ambition active. Le moment venu saurait-il résister à la tentation de faire sauver la maison des Halsbourg par des Hohenzollern? C'est en effet ce qu'elle se disposerait à faire huit mois plus tard. En résumé, concluait le chancelier : « Pour une guerre générale, nous sommes, je ne dirai pas épuisés, mais fatigués, très fatigués. Autrement nous y irions carrément. » Et pour écarter cette dernière éventualité, il ne consentait à accepter le traité apporté de Paris qu'à la condition de le modifier de manière à soustraire la Russie à toute obligation précise.

A cette argumentation pressante La Roncière répondait, avec plus d'ingéniosité peut-être que de conviction, qu'une guerre apporterait une diversion salutaire aux embarras de la réforme agraire, et qu'en tous cas elle représentait une occasion unique de s'affranchir des entraves du traité de Paris. Le médiocre succès de ces considérations, développées dans ses entrevues des 4, 6 et 7 janvier l'amena à tenter un recours à l'Empereur, derrière l'autorité duquel s'abritait toujours Gortchakoff. En réalité, l'un suivait docilement les inspirations de l'autre et devait tenir le même langage. Au cours de l'audience accordée à La Roncière le 8 janvier, Alexandre protesta à nouveau de son bon vouloir, mais en se réservant de le témoigner à son heure et déclara la date de mai, indiquée pour la guerre, beaucoup trop rapprochée pour une mobilisation éventuelle. Et comme sa parole d'honneur de ne pas soutenir l'Autriche revenait comme un refrain dans ses déclarations, La Roncière ne put s'empêcher de lui faire remarquer « qu'il y avait une grande différence entre ne pas soutenir l'Autriche ou aider la France à la combattre ». C'était résumer d'un mot la moralité de cette joute diplomatique.

Quand il reprit le 10 janvier la route de Paris, La Roncière se trouvait dans la même situation qu'après son premier voyage. Il en était parti avec un traité à faire signer, il ne rapportait qu'un contre-projet. Aussi considérait-il, dans un moment de découragemement, sa mission comme n'ayant pas réussi. Elle n'avait pourtant pas été inutile pour déblayer le terrain. Au début de février, il reçut du baron de Jomini, collaborateur de Gortchakoff, une lettre où ce dernier lui marquait de la part de son maître le désir d'aboutir à une entente et de donner suite aux négociations commencées, mais par les voies régulières, c'est-à-dire au moyen de conférences entre Walewski et Kisseleff, ambassadeur de Russie à Paris. D'après Nigra, d'ordinaire bien informé, ces deux personnages auraient manifesté un médiocre empressement à aboutir, par dépit d'être saisis si tard d'une affaire qu'ils auraient dû être les premiers à connaître[1]. Leur lenteur retarda jusqu'au 3 mars la signature du traité. Le texte définitif ne différait du dernier projet français que par la suppression d'un article et l'adjonction d'un autre. L'article supprimé, c'était celui qui prévoyait la réunion d'une armée russe en face de la Galicie pour immobiliser autant d'Autrichiens de l'autre côté de la frontière. Ainsi tombait la seule obligation positive prévue pour la Russie comme témoignage de ses dispositions. Quant à l'article ajouté, il atténuait encore la portée du traité en stipulant simplement qu'il resterait secret. C'est cette disposition qui a empêché si longtemps d'en connaître l'existence et qui peut également en justifier la reproduction. En voici le texte :

TRAITÉ SECRET

Conformément à ce qui a été convenu à Stuttgart entre Sa Majesté l'Empereur de toutes les Russies et Sa Majesté l'Empereur des Français, de ne s'engager dans aucune grande question européenne sans s'être, au préalable, consultés mutuellement, Sa Majesté l'Empereur des Français a fait part à Sa Majesté l'Empereur de toutes les Russies de ses prévisions concernant les complications auxquelles pouvait donner lieu l'état de l'Italie.

---

1. Lettre de Nigra à Cavour, du 18 juin 1859 (*Il Carteggio Cavour-Nigra*, t. II, p. 21).

La guerre venant à éclater entre l'Autriche et la Sardaigne, la politique traditionnelle de la France, ses intérêts, ses sympathies, pourraient l'obliger à soutenir la Sardaigne.

Sa Majesté l'Empereur de toutes les Russies, de son côté, estimant que la Russie ne saurait rester indifférente à de semblables événements, les dites Majestés ont résolu de se concerter en prévision des éventualités ci-dessus énoncées et, à cet effet, ont nommé pour Leurs Plénipotentiaires, savoir :

Sa Majesté l'Empereur de toutes les Russies, Son Excellence le Comte Paul Kisséleff, Chevalier des ordres de Russie, décoré du double portrait en brillants des Empereurs Nicolas et Alexandre II, etc., etc., etc. ; son Aide de Camp Général, Général d'Infanterie, Membre du Conseil de l'Empire, Son Ambassadeur Extraordinaire et Plénipotentiaire près Sa Majesté l'Empereur des Français ;

Sa Majesté l'Empereur des Français, Son Excellence le Comte Alexandre Colonna Walewski, Grand'Croix de la Légion d'honneur, Chevalier des ordres de Russie, etc., Sénateur de l'Empire, son Ministre secrétaire d'État au Département des Affaires étrangères ; lesquels sont convenus des articles suivants :

ARTICLE 1. — La guerre étant déclarée entre la France et la Sardaigne d'un côté et l'Autriche de l'autre, Sa Majesté l'Empereur de toutes les Russies adoptera l'attitude politique et militaire la plus propre à constater une neutralité bienveillante envers la France.

ARTICLE 2. — Les Hautes parties contractantes s'entendront sur les modifications aux traités existants à faire prévaloir en commun, dans l'intérêt de leurs Empires, lors du règlement de la paix.

ARTICLE 3. — Sa Majesté l'Empereur de toutes les Russies ne s'opposera pas à ce que la Maison de Savoie soit agrandie en Italie, en respectant les droits des Souverains qui n'auraient pas pris part à la guerre.

ARTICLE 4. — Sa Majesté l'Empereur de toutes les Russies et Sa Majesté l'Empereur des Français s'engagent à expliquer la situation qui naîtrait de la guerre entre la France et l'Autriche, à Leurs Alliés respectifs et à leur faire comprendre que cette lutte ne peut pas être préjudiciable aux intérêts des grandes Puissances neutres dont l'équilibre ne sera pas modifié.

ARTICLE 5. — Les deux hautes parties contractantes s'engagent à tenir secret le présent Traité, lequel sera ratifié et les ratifications en seront échangées à Paris dans le délai d'un mois ou plus tôt si faire se peut.

En foi de quoi, les Plénipotentiaires soussignés ont signé le présent Traité et y ont apposé le cachet de leurs armes.

Fait à Paris, le 3 mars 1859.

(L: S:) Le comte DE KISSÉLEFF.
(L: S:) A. WALEWSKI.

La signature de ce traité (3 mars 1859) représente le dénouement du drame, et l'on pourrait dire d'une comédie diplomatique dans laquelle on a pu distinguer quatre actes principaux : d'abord comme prologue, le voyage du prince Napoléon à Varsovie pour poser la question; puis la première mission de La Roncière à Pétersbourg pour y proposer un projet étendu, ensuite la seconde pour y porter un projet restreint, et enfin les pourparlers de Paris pour aboutir à l'accord final. Dans la marche de cette affaire, les prétentions de la France avaient toujours été en diminuant, et celles de la Russie en se précisant. L'une avait demandé à l'autre, d'abord une alliance offensive pour partager l'Autriche, puis une simple démonstration militaire pour l'affaiblir; elle s'était contentée finalement d'une simple promesse d'appui moral. Le Cabinet russe avait de son côté affirmé avec une netteté toujours croissante son intention de n'affronter les risques d'une action militaire qu'en échange d'un avantage positif et immédiat, la liberté de ses armements et l'intégralité de son territoire sur la mer Noire. Si elle n'aboutissait du côté français qu'à un succès incomplet, cette négociation ne paraît pas pourtant avoir été sans importance ni surtout sans signification. Par son résultat, elle donnait à l'empereur Napoléon la sécurité morale nécessaire à l'entreprise italienne. Par ses difficultés elle trahissait de la part de la Russie l'arrière-pensée de faire désirer son alliance au lieu de l'offrir, de manière à la rendre la plus fructueuse possible. Par ses péripéties, elle a failli amener une crise ministérielle et elle suggère, à un point de vue plus général, quelques remarques qui en dépassent la portée immédiate. Elle permet de saisir sur le vif, au moyen d'un exemple précis, les inconvénients de la diplomatie secrète, souvent dénoncée comme l'un des traits caractéristiques et des faiblesses du régime. Elle montre enfin Napoléon III toujours obsédé dans sa politique extérieure par la poursuite d'un idéal lointain supérieur à son objectif prochain. La recherche d'une alliance pour la libération de l'Italie l'a conduit à viser beaucoup plus haut et à tenter de démembrer l'Autriche pour refaire la carte de l'Europe. D'un rapprochement avec la Russie fondé sur une communauté passagère d'intérêts, il a rêvé de tirer une alliance permanente, assez durable pour servir de base à son système de politique étrangère. C'est encore par ce côté psychologique, par ces manifestations d'une politique où la mégalomanie se mêle au sens pratique, que cet épisode du développement des relations franco-russes mérite de prendre sa place dans l'histoire générale du Second Empire.

www.ingramcontent.com/pod-product-compliance
Ingram Content Group UK Ltd.
Pitfield, Milton Keynes, MK11 3LW, UK
UKHW031710170726
13836UKWH00001B/151